www.ingramcontent.com/pod-product-compliance
Lightning Source LLC
Chambersburg PA
CBHW060857220526
45466CB00003B/1404
* 9 7 8 1 6 7 6 6 1 8 9 8 0 *